嗄朦诗集

张国强 ◎ 著

中国建材工业出版社

图书在版编目(CIP)数据

嘎朦诗集/张国强著.--北京:中国建材工业出版社,2017.6
ISBN 978-7-5160-1833-0

Ⅰ.①嘎… Ⅱ.①张… Ⅲ.①诗集－中国－当代 Ⅳ.①I227

中国版本图书馆CIP数据核字(2017)第082208号

嘎朦诗集

张国强　著

出版发行：中国建材工业出版社
地　　址：北京市海淀区三里河路1号
邮　　编：100044
经　　销：全国各地新华书店
印　　刷：北京中科印刷有限公司
开　　本：889mm×1194mm　1/32
印　　张：6.5
字　　数：30千字
版　　次：2017年6月第1版
印　　次：2017年6月第1次
定　　价：80.00元

本社网址：www.jccbs.com　　本社微信公众号：zgjcgycbs

作者简介

张国强,北京市密云区不老屯镇南香峪村人。1976年应征入伍,在北京市公安局十六处服役。1978年入党,1979年提干,1985年并入北京市武警总队后勤部,1993年转业到北京市公安局朝阳分局,2016年退休。

序一

诗贵其情而不在其工

他叫张国强,是一位退休的老民警。他酷爱诗,不仅爱读诗,更爱写诗。在他的案头,已创作出两百多首诗作。其中有些作品,已在《法制与生活》、《朝阳老干部》等媒体发表,尤其是《刑警颂》在北京市公安局网站发表后,引起不小的反响。

说起诗歌创作,张国强淡淡一笑,清瘦的脸上露出两个浅浅的酒窝:"我出生在农村,后来当兵,脱下穿了十七年的军装,转业到公安系统工作,一直到今天。但是,几十年来,不管工作岗位怎么换,环境怎么变,我对诗歌创作的热情从未改变。因为诗歌不仅丰富了我的精神世界,更让我的内心充满了对生活的热爱和感慨……"

说起创作初衷,这与张国强的工作性质其实是完全不搭边界的。无论是在部队当兵,还是作为一名警察,其工作都是严肃而又谨慎的。而诗歌创作,则是自由、奔放、热情、浪漫的。这两者之间,可谓是相差十万八千里。坐在对面的张国强,似乎看出了我内心的疑惑,在两个酒窝的陪伴下,依然是淡淡一笑,说道:"看似我的工作与诗歌创作相互矛盾,其实不然。正是因为诗歌,才使我的生活有了一张一弛的节奏,让我的生命变得立体而丰富……"

说起创作理念,张国强觉得诗贵其情而不在其工。在这种创作理念的指导下,张国强的诗歌创作都侧重于情的表达,身边的一花一鸟、一草一木、一人一事,他都能通过观察体会,而后信手拈来,凝于笔端,炼成诗句,表达出他对生活的所思、所想、所感,进而表达出他内心深处对生活和生命的热爱之情。在他的创作中,从不过分追求那些言之无物、言之无情、简单浅显的华丽辞藻堆砌。他说:"无情的诗没味儿。"他创作的长诗《民心所向》就是代表作之一,这首五言旧体叙事长诗,有一百零六句,五百三十个字。全诗没有华丽辞藻的堆砌,采用朴实的叙事手法,娓娓道来,却情真意切,感人至深,读过之后,无不叹服。

说起创作环境,张国强说道:"我们家祖孙三代六口人,住房不到六十平方米。在家没法写,就只好到社区棋牌室去写。每天晚上等棋牌室玩的人们散去,这里就成了我的书房,成了我最好的自由创作天地……无论冬夏春秋，一年四季都是如此。"

　　午夜，寒冷而清静。一缕橘色的灯光，淡淡地透过棋牌室那玻璃窗，静静地照在他身上，一轮清晰的剪影，映在他身后的地面上。此刻，冷清的棋牌室里，孤独的他，文思泉涌，伏案疾书，一行行工整有致的诗句，从他那轻盈的笔下，欢快地流出。

张振国

2017年3月

序二

每当深夜或者黎明的时候,小区活动室的窗口总是亮着灯光,不用猜就是张国强在那里辛勤地创作诗歌呢。一分耕耘,一分收获,短短几年的功夫,他就创作了几百首诗。其中《刑警颂》被北京市公安局网站刊登,《一路一带赞》、《民心所向》、《领袖爱民赢民赞》等多篇优秀作品在《法制与生活》、《朝阳老干部》、《纪实中国》等刊物发表。

处处留心皆学问,时时观察皆素材。无论是上下班路上,还是工作间歇;无论是休假观光,还是外出采风,他都能时刻观察身边的人、物、景、社会的状态、变化和发展,将花鸟虫草描绘得栩栩如生,将人情冷暖刻画得入木三分。同时他还坚持关注时事新闻,在传播正能量方面倾注了大量心血,创作了许多长篇诗歌。

不忘初心,传播正能量。张国强入伍十七年,从警二十三年,在这整整四十年里,他始终牢记自己是军人、警察和共产党员的职责和身份，尽职尽责完成上级组织和领导交给的任务，多次立功受奖。难能可贵的是，他坚信勤能补拙，总能抓住各种闲暇时间，将所思、所想、所看、所学记录下来，反复思考、研究、总结、提炼，凝结成一首首诗句，让人获益匪浅。

继续前行，弘扬主旋律。去年退休后，他总说："退休不退志，一定把创作诗歌当成人生一大乐事，更加努力搞创作"。诗贵其情不在其工，企盼张国强在追求精神财富的道路上，在传播正能量、弘扬主旋律、陶冶情操上做出新的更大的贡献，期待着他的更多作品再次在读者面前呈现。

刘绪排

2017 年 3 月于北京

目录

壹 咏物   1

贰 惜景   21

叁 抒怀   81

肆 品人   103

伍 世道   145

陆 变迁   175

壹

詠物

变迁

京城黄鹂怨树矬，彩楼高低触银河。
忧恐抛物巢枝断，奋飞窗前鸣拜托。

  注：随着生活水平的提高，人们的居住环境有了很大改善，由原先的低矮潮湿的小平房，搬进宽敞明亮的新楼房。将巢安在高树枝上的黄鹂不断发出哀叹，只因它们由原先俯视民居，变成了现在的仰视楼宇，还时时忧心高楼坠物砸坏自己的"窝"，它们经常鸣叫，提醒居民注意文明、爱护环境。让我们一同努力，争当文明市民，形成全社会共筑共创文明社区的良好氛围。

  此诗2014年5月发表于《法制生活》第1期纪实栏目。

壹 咏物

梧桐花开

梧桐紫花开,凤凰落祥宅。
预示家境美,欣喜好运来。

  注:2016年5月28日,在密云瑞海姆田园度假村,作者受邀参加了一对年轻人的婚礼。一入场,就被那富丽堂皇、高朋云集的场景和温馨浪漫、欢歌笑语的氛围打动着……
  席间,从亲朋的啧啧称赞中得知:新郎田果,出生于作者老家邻村的一个普通教师家庭,几经打拼,现任中铁建工集团有限公司办公室主任;新娘杜苓菲,出生于北京老城区一个财务世家,现任公司财务主管。小两口工作上进,品貌俱佳,且尊老爱幼,正能量满满。
  吃罢美酒,感动之余,作者便提笔为之赋诗一首。

秋栗香

刺壳含珠露半容,乌金落地隐丛中。
仙草深埋防日晒,伊寻筐满富主东。

2009 年 9 月 13 日

燕山护皇城

燕山北卧横,龙头探海东。
尾延达山西,有灵护皇城。

栋梁

东山奇松禁拥伐,欲垒私宅梁断塌。
此树有灵须善待,唯建皇宫陛用它。

注:此树位于北京市密云区不老屯镇南香峪村的东山上,据当地百岁老人讲,1944年12月6日,不知从何处飞来两只体形庞大、满身金羽的奇特大鸟,在这棵松树上落了三天三夜,到了第四天凌晨,大鸟鸣叫几声后飞走了,从此再无其他鸟类栖息。最令人称奇的是,次年日本就宣布投降了,这更彰显了这棵树的神奇。经历了半个多世纪的风雨变迁,如今依然枝繁叶茂,从容挺拔。当地百姓都极其爱护它,此树是一颗平顶松树,栋梁之才。

挚友

欣悦拜童叟,东家出游走。
留言今不归,八哥准代守。
方桌备好菜,领宾自取酒。
举杯同羽聊,朋醉怨飞友。

巢空

冬鹊不在巢里住,只因当下暂无雏。
随落旁树寒静眠,待等柳青育幼宿。

2016 年 4 月 1 日

包容

乌发触君面,紧贴唇齿前。
车行同体晃,失礼她不怨。
淑女哀声出,孕忧黄渠站。

2016 年 1 月 12 日

注:"黄渠站"即北京市朝阳区黄渠地铁站,每逢上下班时间,乘坐地铁的人非常多,要想挤进去很难,即使挤进去,也是胸贴胸,背靠背,额头触嘴唇,车走整体晃,孕妇乘车就更难了,忧恐出意外,这是真实的写照。

应景

窗前一株花,逢春绽吉佳。
六朵艳奉主,顺美助君发。

2016年5月26日

注:窗前有一株花,每月开一次,每次就开六朵,几年来一直不变,正巧主人翁家里同样也是六口人,人映花,花映人,邻里都说这株花很独特,有一定灵性,预示这家人美好常在。

壹　咏物

奇花

奇花占峭峰，防吻保净容。
绽地鹰落处，蝶来久年程。
高雅云中艳，彩摇迎霜风。
独丽诱君爱，自美拒入宫。

2016 年 6 月 30 日

圣僧

闲僧静坐禅，修行避市喧。
笑择神圣地，食素饮清泉。
淡财无需争，善举净求缘。

2016 年 1 月 19 日

圣寺

遥看古寺镶半山,客旺奉香行涯边。
云撞峰移欺鹰飞,净帝烟火连碧天。

2016 年 7 月 7 日

来去自由

雄鹰跃境何人管,出入异国无报单。
傲宿绝壁敢育雏,非捕珍禽拒办签。

2016 年 5 月 3 日

壹 咏物

夜惊

夜狼进村喜天暗，跃墙入户借众眠。
扑猪惊鸡邻犬吠，狼叼争鸣血染圈。
主急跃起驱拍窗，错穿童衣忙追晚。

2016 年 6 月 3 日

抢锄

弓背抢锄禾，汗落塑泥河。
尘扬涂辛面，直腰待秋乐。

2016 年 10 月 5 日

眼镜

双耳平挂钩,望远镜无忧。
未戴白日暗,凭它好阅书。

代参汤

小米熬粥弃粘锅,金粒翻滚散香播。
童叟喜爱育众美,君王养生饮用乐。

2016 年 10 月 6 日

咏蝉三首

（壹）

伏天降雨蝉闭鸣，体藏乐器黏合缝。
奋力展翅仍未响，只待饱日林歌宏。

2015 年 7 月 26 日

（贰）

蝉在何时鸣，地热似炉烘。
河干卵石裂，伏季歌声宏。

2016 年 8 月 23 日

（叁）

蝉喧嘶哑八月中，季凉捍树羞坠丛。
体藏乐器隅哀响，霜至色变鸣尽终。

2016 年 9 月 23 日

燕归

燕归送春暖,换巢延千年。
曲飞寻故地,北方好家园。

2015 年 8 月 23 日

咏蝶

蝶舞寻花择良天,巧躲风雨亲蕊欢。
轻踏香粉足感悦,吸蜜填饱管用餐。
有生好色仍不改,狮兽妒忌效仿难。
厌像苍群争弃物,终保高雅采食鲜。

2017 年 1 月 22 日

壹 咏物

彩毛染

夕阳映东山，白羊彩毛染。
站骑蚕翠柳，摇惊飞鸟喧。
牧童驱唤归，望乡虚蜡燃。

2016 年 12 月 19 日

秩序

群雀落孤柳，会商夕阳后。
无序抢争鸣，静听令别走。
旱季难捕食，划界应遵守。
忍饥增厚意，礼让共待秋。

2016 年 12 月 4 日

野马无缰

野马无缰草上飞,夜旷站眠防兽追。
东奔驱豹护照安,立咆怒嘶悍翠威。

2016 年 12 月 6 日

恋同巢

雀落桃林花正浓,舞戏彩枝鸣邀雄。
飞近相对暂结伴,艳证确恋同巢中。

2016 年 12 月 2 日

壹 咏物

颂南京

南京曾是都,鬓白访古悠。
童叟品质好,宝地奇才出。

蛇吞象

草蟒无腿智吞象,翻山爬树技能强。
狮虎遇怕待择食,穿洞入海唯动王。

灵鹊

（壹）
喜鹊筑巢择杨林，求得叶肥好遮阴。
忧恐烈日伤雏鸟，望子高飞母悦欣。

（贰）
急鹊飞环杨，雏鸟惊叫狂。
银蛇离巢近，侧翅抽敌伤。

奇鹰

老鹰技能高，寻兔啄断腰。
挣扎带上空，得意对石抛。

壹　咏物

物尽其用

麻袋盛糟糠，酿酒却无浆。
强挤滴三杯，君醉奇而香。

反目

白马遇青草，鞭打拒拉套。
平日从主言，为何此时闹。

注：此诗暗喻农民工上访追讨劳务费的无奈心情。

老马孝主

老马明人言,爬坡奋当先。
率先绷紧套,孝主伴终年。

赞犬

家犬觅食寻残羹,寒卧门外观动情。
遇事狂吠狼惧怕,忠心护主陪有生。

惜景

悲悯

雪覆苍山皑,羊牛饥弱摔。
天宫灭持角,牧主愁急哀。

注:新疆雪灾有感而作。

2016 年 1 月 4 日

咏桃

南坡独株桃,枯草遇风摇。
旁树未生叶,唯它此时娇。

2016 年 1 月 1 日

贰 惜景

入秋

杏树叶先黄,枣红伴梨香。
蟀歌赛冷曲,雁南携带霜。

2016 年 2 月 6 日

夏雨

雨后风来急,叶翻珠落地。
游人忙遮头,浪涌漫石堤。

2016 年 1 月 31 日

抢种

鸡鸣唤主月西圆,旷野寂静室内暗。
繁星闪动明人意,农夫牵牛抢种田。

2016 年 1 月 4 日

秋栗香

又是一季秋栗香,果实累累枝头晃。
张嘴喷球寻它乐,口吐乌金富满乡。

2016 年 1 月 28 日

潭中影

白鹭戏柳锦鱼惊，碧丝探水风带弓。
净潭倒影映颤鸟，黑鹅沉底寻友空。

2015 年 12 月 14 日

鹂无迹

秀峰披绿林，黄鹂送美音。
客旺寻无迹，高鸣避露身。

2015 年 12 月 10 日

晚归

日依西山斜照村,白鹭归宿染红身。
牧童牵伴青牛彩,水映霞光晚留宾。

2015 年 12 月 15 日

柳上鹊

鹊戏河柳压枝弓,身颤斜姿舞战风。
丝卷扫云碧空净,欣择旁树待客鸣。

2015 年 12 月 24 日

贰 惜景

醉凤坡

小溪映花艳镜波,金雀舞枝闲赛歌。
仙潭倒影净录美,游人观叹醉凤坡。

2016 年 1 月 9 日

鹊戏

舞叶风未止,斜阳归恋迟。
蝉抱摇树隐,巧鹊戏高枝。

2016 年 1 月 12 日

鹊鸣

东方鱼肚白,鹊落舞门槐。
隔窗鸣唤主,辛勤天赋才。

2015 年 12 月 7 日

待君归

夕阳覆东山,金盘戴帽端。
高低别艳景,霞映伊红颜。
酒香待君归,壑村蜡烛燃。
桌满人聚旺,辛醉伴月圆。

2016 年 2 月 10 日

贰　惜景

花语

花飞只恨秋风紧，叶落未知细雨寒。
几处流星撕夜幕，何时冷月动天颜。

2016 年 1 月 12 日

初妆

蓓蕾怀春落枝中，清风化雨自轻盈。
一点娇羞几点意，恰如女子初妆成。

2016 年 1 月 12 日

春节

爆竹声声催柳青,户户门前张彩灯。
童人喜跃敬拜老,桌满酒香春意浓。

2016年2月9日

碧伞

险峰触云端,凸壁探壑间。
平松吊盘石,水映碧伞圆。

2016年1月25日

轮回

日月轮回自苍穹,孤松傲骨站奇峰。
冬去红梅笑飞雪,化作细雨飘落空。

2016 年 1 月 29 日

欣喜

天蓝草木青,夜幕伴蛙鸣。
蝉声皆入耳,欣悦故乡情。

2016 年 1 月 28 日

无题

夜雨逢寒食，晨风瑟老枝。
紫燕回廊晚，青衫入梦迟。

2016 年 2 月 18 日

香山景明园

香山脚下育清潭，碧柳环岛映鸟喧。
金叶恋落镜录美，客悦观鱼锦峰帘。

2016 年 11 月 10 日

雀欢

树高红花矬,金雀环巡逻。
彩蝶遇林敌,获美进食歌。

2015 年 6 月 26 日

夏暑

蜻蜓戏水六月中,童叟纳凉盼益风。
当午路上人行少,夜拍蚊子鹦鹉鸣。

夜雨

夜来风雨声，击花露残容。
浪波形彩带，触蛙悦争鸣。

丛中吻两首

（壹）
淑女踏青花映人，艳海浮摇净待宾。
香风清播迎客来，伊笑无语旷抱君。
（贰）
娇女踏青泉波录，小溪北岸独棵树。
长枝覆水曲入潭，伊触樱花合影塑。

贰 惜景

窗景

日出三竿映东墙,喜鹊舞柳隔窗唱。
伊人卷帘惊飞鸟,明晨赛歌唤起床。

2017 年 2 月 18 日

花开美景

花开诱蝶吻,蜂友远征亲。
彩摇博君爱,伊笑醉当春。

南山恋

南山花正红,蜂蝶吻香拥。
恋人观悦醉,抱影映泉中。

花映人

淑女赏牡丹,艳摇映人面。
谁知她近往,花羞愧来仙。

注:此诗赠予北京公安局海淀分局李欣荣警官。

雨后

雨后花草净,扁叶衔珠弓。
金雀梳湿羽,悦赏蛙争鸣。

归巢

燕归迎春暖,换巢延千年。
久飞磨劲羽,喜得好家园。

深草

草深连丘山,野兔敢卧眠。
猎寻无踪迹,故在他面前。

竹中景

金雀落碧竹,当即一侧悠。
弓颤触红花,扑蝶猛抬头。

贰 惜景

桥中景

曲径蜿蜒连石桥,清波锦鲤浮沉遥。
笑看扁舟送客远,水映垂柳碧丝飘。

游归悦

游山笑归花点头,彩蝶飞问舞言留。
清泉育柳摇待宾,水映黄鹂歌送友。

萧瑟

河干拱桥歪,老牛觅食摔。
石林阻归路,枯柳寒鸦哀。

故地重游

重游故地桃花红,半坡白羊草正青。
牧童悠闲唱山歌,水映饱景黄鸟鸣。

宵梨红

秋雨强劲无雷鸣,细草衔珠却无风。
水漫石桥舟靠岸,尘移净果宵梨红。

香山美景

客旺欣来游香山,翠柏敬护黑牡丹。
感鹊舞歌摇红叶,众观醉悦翘指喧。

2015 年 11 月 10 日

湖中景

翠柳均隔环抱湖,轻舟满载水中游。
童人高唱惊飞鸟,慈母赏花鱼跃出。

2017 年 2 月 17 日

月下景

月映池塘返金盘,锦鱼寻觅争亮点。
芦草轻摇闪遮明,美景夺目有谁看。

2017 年 2 月 11 日

贰 惜景

落日余晖

枯树老皮黑,残容却不悲。
寒令江河固,落日存余晖。

早春

春播溃翠草,驱牛经月桥。
岸边桃花艳,清波映彩摇。

2017 年 1 月 28 日

晨游

夜雨强劲浴草青,细叶衔珠弓透明。
来宾晨游鞋浸湿,鸟蝉禁歌花更红。

怜存

雨打花凋覆地红,叶颤衔珠滴洗丛。
浪携浮彩离茎远,翠枝怜存锦点莹。

2013年5月23日

咏松

隔窗观雪山，平松伞枝弯。
针叶缝孝帽，似翁站崖边。

2017 年 1 月 8 日

九月景

九月初冷医树黄，雁书弃北啼南翔。
背天俯瞰松柏翠，花凋果落寻碧塘。

2017 年 2 月 3 日

悦观山

欣悦观山雾遮峰,野花绽放暗里红。
清泉漫石映不远,黄鹂鸣翠隐待朋。

2017 年 2 月 10 日

疾雨

雨打山地即形洪,幼苗歪斜姿不同。
飞流带走固生土,针根盘石吊株青。

2017 年 1 月 13 日

贰　惜景

霾

千山鸟绝鸣，恐霾野林中。
丘转花未摇，鹰归错撞峰。

2017 年 1 月 5 日

冷雨

冷雨欺人浸草湿，山雀冻身有谁知。
叶稀衔珠直落下，惊飞择树舞寒枝。

2015 年 11 月 19 日

后海

笑观朗月初上圆,欲提花灯窥珠帘。
隔岸两情唯寄酒,万盏覆身怎成眠。

2017 年 1 月 13 日

注:此诗是游北京什刹海即兴创作。

鸟思

冬山百草枯,鸟悲为食忧。
苦寻无虫迹,久饥想绿洲。

2017 年 1 月 13 日

贰 惜景

心动

隔窗望外花正俏,旁柳翠丝探池摇。
水映树下卧条犬,客喧观景惊跃叫。

2017 年 1 月 9 日

金秋

花凋饥蝶无,叶落覆溪流。
镜波驮金彩,池满挤繁舟。

2016 年 11 月 14 日

晚秋

白杨穿陛袍,金叶满天飘。
树裸覆地美,雁南寻碧草。

2016 年 11 月 13 日

生机

金蝶吻红花,碧草敬围它。
艳摇衬翠美,清泉映绝佳。

2016 年 11 月 27 日

贰 惜景

苍凉

枯草敬围柏,雪压翠头歪。
长枝悬累弓,寒鸦落饥哀。

2016 年 12 月 9 日

晨雾

晨悦观景雾封天,猿弃孤峰露半山。
壑暗林茂叶衔珠,落洗花蕊朦净鲜。

2016 年 10 月 1 日

雾中攀顶

雾淹沟壑平，当即吾踏顶。
高低却有别，他在暗中行。

2016 年 12 月 12 日

晨东行

晨悦访平谷，东征影向后。
金盘直覆面，含泪迟会友。

2016 年 11 月 10 日

注：平谷即北京市平谷区，地处北京市的东部。如果早晨前往平谷，是迎着太阳升起的方向，不管是驾车还是骑行，都会因太阳直射双眼，造成前行速度变慢。虽然出发很早，但到达目的地却晚了。

贰 惜景

鹊怒

双鹊急鸣舞枝摇，歌唤雏鸟靠近好。
只因少羽离地近，展翅低飞战狸猫。

白羊觅食

白羊进山寻金叶，溪浮彩舟拥挤斜。
探头卷舌未博到，恋弃无奈饥霜夜。

咏梨

雁鸣南迁梨树矬,紫叶行尽悠然落。
长枝短杈弓衔锭,替主担忧鸟甜啄。

山中雾

雾行带山移,鹰落择树栖。
古寺埋深处,蜡燃顶日息。

贰 惜景

不毛之地

千山独树无，牛羊觅食哭。
旷野布满石，原是鬼见愁。

虫趣

风吹幼苗碧浪波，惊飞蝗虫叶上落。
细颤难撑垂下弓，高摔当迷错跳河。

和合美景

风催树摇草随波,鹊舞桥南细柳歌。
清泉漫石曲行录,水映红花美景合。

南京一景

红树宿门前,迎宾礼当先。
有生送客往,艳摇赢众观。

2014 年 4 月

注:2014 年 4 月,公安部组织优秀民警去南京市看守所进行业务交流。时值春季,招待所门口三棵一米多高的小树却是满树的红叶,景色令人感到惊诧。

兰亭序语

兰亭北峰竹林深,黄鹂鸣翠有原因。
仙知远客来观景,送首山歌待上宾。

　　注:2006 年 5 月,北京市朝阳区看守所组织单位民警去浙江省绍兴市兰亭观光旅游。此诗为作者第一次到兰亭这一著名的书法圣地,有感而作。
　　此诗 2014 年 5 月发表于《法制生活》第 1 期纪实栏目。

踏青

陪友去踏青,恰巧桃花红。
美景吸众眼,喜鹊摇枝鸣。

贵雨

夜雨雷鸣吾未眠,房脊分流均落院。
清水净瓦古宅新,苗壮花开待丰年。

池塘边

疾风袭柳摇,金雀恐飞高。
择落塘前树,倒影舞枝叫。

贰 惜景

咏柳

（唐）贺知章

碧玉妆成一树高，万条垂下绿丝绦。
不知细叶谁裁出，二月春风似剪刀。

赋《咏柳》

垂柳千丝长，喜居池两旁。
迎风伸展秀，似女梳靓妆。

六月雨

屋暗窗微明,雷闪唤吾醒。
雨打树叶响,青蛙悦连鸣。

奇松

奇松站峰端,傲视林海间。
层林唯敬高,同生共百年。

贰 惜景

崖景

山石易风化,随时飞落下。
沟壑翻巨浪,净红半坡花。

咏榴

榴树花开持久天,长枝衔果行礼弯。
花果并存唯它美,待到寒时惹众观。

深林

奇松盘峰端,林深隐杜鹃。
隔叶望朋来,落近对客喧。

怨天

草枯松林碧,红枣树上稀。
旷野覆满雪,黑羊觅食啼。

贰 惜景

映天歌

夕阳覆黑河,白鹭归宿过。
彩羽迎霞飞,水红映天歌。

鹅悦

爆竹唤地醒,嫩草破土青。
冰融旷野湿,鹅在池中鸣。

春风

燕归催柳青,碧草伴花红。
水波净干石,白鹅逐浪鸣。

宝邸

宝邸依北山,紫瓦日照艳。
金土环四周,院内有凤喧。

贰 惜景

龙潭湖四月景

红花绿水前,黄鹂舞枝喧。
翁钩惊飞鸟,人影映塘边。

注:此诗为龙潭湖四月桃花开时,作者抱孙女所作。

赏一醉

石桥南岸独棵桃,风吹花落水上漂。
芦草轻摇惊蝶飞,浮彩鱼跃错认叼。

清明

（唐）杜牧

清明时节雨纷纷，路上行人欲断魂。
借问酒家何处有？牧童遥指杏花村。

赋《清明》

桃花盛开清明时，儿孙祭拜故灵知。
石碑靠山增新土，燃尽黄钱泪襟湿。

贰 惜景

长发飘飘

伊人站溪边,静赏桃花艳。
发飘触彩枝,镜波映倒仙。

2017 年 1 月 3 日

秋尽寒

叶落惊鸟飞,景变恐未归。
枯草被戴帽,金叶垒成堆。
树裸衔锭摇,宵梨冻彩危。
旷野覆满霜,冰溪锁鱼悲。

2016 年 11 月 24 日

嬉景

山泉映桃红,鸟雀戏枝鸣。
彩摇覆溪水,银鱼争叼空。

2017 年 3 月 2 日

季同景不同

彩蝶八月无,此景在兰州。
燕山当季翠,北国已近秋。

2017 年 3 月 2 日

深秋

霜覆旷野催花凋，碧草即变遇蜡着。
叶落树空展萎景，翠柏依旧探海摇。

2017 年 2 月 18 日

院凄凄

寒劲风萧石头惊，残缺篱笆仿笛声。
古槐起舞恐折断，满院尘积鸟巢空。

白羊闯麦田

数只白羊闯麦田,翠摇诱抢腹撑圆。
不知牧童何处在,叟望高喊驱净晚。

2017 年 6 月 20 日

早春

冰消嫩柳曲潭清,鸳鸯戏水静无声。
风吹浪起助舟摇,桃花正艳映池中。

2017 年 2 月 20 日

贰 惜景

燕归

河开育柳青,燕归半路程。
跃江影波录,望北迎花红。

2016 年 10 月 19 日

泉景

清泉漫玉石,金雀舞花枝。
曲波映丽影,蝶吻并录池。

2016 年 10 月 16 日

白洋淀

白浪映翠柳,灵摇送客舟。
波憾覆广际,童喧惊飞鸥。
鸣悬高镜录,荷绽鲜馈友。
蝶落争抱亲,伊观愿常留。

2016 年 7 月 26 日

白杨

白杨披帝袍,喜看艳净高。
风吹舞金叶,唯它此时娇。

2016 年 8 月 26 日

贰 惜景

壑边景

秋杨占壑边,山泉映貌艳。
叶落形彩浮,压挤曲进艰。
狭波阻叶通,覆溪保鱼安。

2016 年 10 月 4 日

八月景

湖遇八月平,锦鲤游待冬。
芦摇头貌白,柳变黄蚕青。
草枯花陪落,野枣皱羞红。
老翁易放牧,当季好求生。

2016 年 10 月 24 日

咏荷

荷花喜在池中宿，叶肥压波养艳目。
彩摇诱蝶蜂争吻，招得君爱众阅秀。

2016 年 8 月 6 日

赞寒梅

梅花盛开不需春，寒时争艳防蝶吻。
傲站冰峰伸展秀，有生洁净避脏身。

贰 惜景

唤子

风停柳丝直,鹊落舞颤枝。
摇歌捍碧树,急鸣幼归迟。

2016 年 9 月 9 日

伏天

伏天伊持伞,恐露炙娇颜。
当午人行少,石上好煮饭。
旷静树下挤,唯蝉鸣赛欢。

2016 年 6 月 25 日

倒盘松

碧松针叶怒刺空,固防寒鸦落哀鸣。
皮粗丑陋保净体,倒长对壑护翠容。

2016 年 9 月 3 日

秋尽

月圆覆地黄,田空易放羊。
牧人悦唱歌,蟋吟怨季凉。

2016 年 9 月 28 日

秋意浓

霜覆百草同治花,红枣衔枝冷摇它。
白杨裸体空露巢,柳失碧色招落鸦。

2016 年 9 月 16 日

砣峰镶古寺

砣峰镶古寺,夺目前拜处。
奉香途经险,野烟联云瀑。

2016 年 9 月 1 日

蟋蟀寻墓唱

秋雨无声浸树黄,叶落含珠砌地靓。
蝗虫愣肥疆待暖,蟋愁隐体寻墓唱。

2016 年 9 月 28 日

雁南飞

雁南避冷曲飞程,背天愁唱俯山红。
恋旧回望北巢寒,万里书行苦寻丛。

2016 年 9 月 16 日

贰 惜景

悬堂

风经峡壑使松吼,猛撞石摇驱鹰走。
驼峰镶寺匕刺空,僧护悬堂为烟守。

2016 年 10 月 3 日

骤雨

雨打山地侧出坑,聚降斜田形兽洪。
黄涌直下储池满,白鹅戏水泛陋容。

2016 年 10 月 10 日

霞归景

霞光映东山,覆溪金波闪。
鹅游披彩羽,翁驱映红颜。

2000 年 7 月 5 日

三九

金叶飘落惊鸟喧,裸树换貌因霜残。
石冷草摇泛凄景,冰锁鱼跃镜望天。

2012 年 12 月 4 日

早争艳

樱花三月鲜,金朵泛香绽。
众观净无叶,当美迎归燕。

叁

抒怀

彼心所向

普人多在烦中度,一世艰辛笑伴愁。
嫉向小鸟随捕食,翠舞花枝悦飞游。

2016 年 3 月 23 日

宝时无价

宝时无价静随流,日转星移少变叟。
彼尔同世几万天,分秒必争防鬓羞。

2016 年 4 月 5 日

抒怀

梦想成真

梦获金山笑，五更朦悦跳。
惊醒忆物空，久拼有实报。

2016 年 2 月 21 日

苦中笑

花映高楼伤吾心，翻山行壑绕石群。
有生拼尽苦中笑，争得新貌塑铁人。

2016 年 4 月 6 日

勤学

良目多阅书,莫让宝时流。
珍惜每一秒,方能统九州。

乡愁

谦辞已老白发织,少小不知家母慈。
一缕乡愁悄入梦,几杯陈酒忆相思。

2016 年 1 月 30 日

叁 抒怀

美梦

梦赏梨花开,鹊落鸣贺彩。
花映君观鸟,夜美恋常在。

2016 年 1 月 31 日

胸怀天下

男儿净高比丘矬,胸装霸业纳峰河。
愁看人间难平事,踏月俯视主繁国。

2016 年 3 月 1 日

奋蹄

数年博书明大理,无须扬鞭自奋蹄。
深知人间酸楚事,笑统九州掌玉玺。

立志

家寒莫怨老,有志怎分小。
幼蛇敢吞象,少主江山好。

2015年12月15日

名留千古

岁老膝前贵有子,闲来身外更无求。
但将清白传千古,不向人间染浊流。

2016 年 1 月 8 日

家国情怀

点点飞花自天开,丝丝香梦动情来。
盏盏金樽相思苦,铮铮铁马寂寞怀。

2016 年 1 月 12 日

何日休

日隐西山去,静留五彩衣。
纵吾千愁转,心归待何期。

2016 年 1 月 12 日

人生苦短

绿叶临霜色正红,佳人对镜叹花容。
轮回岁月皆如是,利禄功名不必争。

2016 年 2 月 10 日

夜归

家遥路远伴君迟,窗冷衣单唯己知。
敲棋待客鸡鸣夜,望空思乡月满时。

2016 年 2 月 10 日

空相思

偶叹雄心惊梦语,常施小计入心迟。
更是相思斟醉酒,宛如红豆落空枝。

2016 年 2 月 10 日

无题

莫叹浅溪草木深,全凭瘦笔绘佳人。
落红冷雨如期至,旷野香消遍地魂。

2016 年 2 月 9 日

拼搏

久拼在途中,汗落盛千桶。
神仙感掉泪,终会踏顶峰。

叁 抒怀

触月

催马乘云落珠峰,借梯环宇寻帝宫。
广寒仙子待远客,忧君悦上久年程。
数日禁茶银河待,一朝载梦奔月中。

注:2013年12月15日,"玉兔号"巡视器顺利驶抵月球表面,作者有感而发。此诗发表于《中华儿女》2017年8期总第447期风采栏目(共青团中央主管、全国青联主办),本刊记者白姜江,责任编辑华南。

归家急

万家紫烟起,户户蜡燃滴。
主外仍未归,粥冷内心急。

激发

脑转激发想象,想象激发灵感。
灵感激发行动,行动激发斗志。
斗志激发勇敢,勇敢激发耐力。
耐力激发决心,决心胜过一切。

奇妙

灵感来自瞬间,瞬间获得名言。
名言赋予他人,他人享受美感。

注:灵感是很奇妙的,看不见、摸不着。灵感的作用非常大,各行各业,各个领域,从航母、战斗机等高精尖科技的研发,到著书、绘画,都需要灵感。灵感是创新的原动力。

叁　抒怀

贵在稳

沉稳透事准,相反视作蠢。
语出须三思,自然显佳品。

2015 年 11 月 25 日

扪心自问

旁人闲论有不恰,夜静独思愧在哪?
慧者少行曲折路,世无完人谁最佳。

2015 年 11 月 25 日

其貌不扬

貌似农家夫,斗胆敢著书。
嘲语穿透耳,迟会俯悦悠。

2015 年 11 月 26 日

当自强

谢母馈良身,怎能作普人?
久拼抛陋室,换颜父悦欣。

游子吟

（唐）孟郊

慈母手中线，游子身上衣。
临行密密缝，意恐迟迟归。
谁言寸草心，报得三春晖。

赋《游子吟》

寒风夜袭村，雪飞堵家门。
游子艰辛处，难眠母担心。

一世艰辛

马奔山道易坠崖,车驶冰路恐侧滑。
人生百年曲折进,一世艰辛为荣华。

心悦

脑内突一闪,当即来灵感。
促君忙提笔,绘出栋梁言。
神奇唯彼知,奉阅养目恋。

2017年2月16日

各有长

奔驰属道王,爬山弃投降。
野羊俯瞰傲,行峰算何障。
两类不同种,硬比各有长。

2016 年 11 月 19 日

有福方能坐读书

年少肯阅书,功底倍增厚。
黑土埋真金,未知何时露。
陛下责人找,博栋笑无忧。
陪孤随意巡,携君不封侯。

2016 年 11 月 24 日

求人难

前去求贤恐不安,未知对方奉何颜。
迎获怒斥羞难忍,吾将秽词当激言。

对仗

作诗似走棋,上下衔友谊。
黑白映对仗,违规属文圾。

2016 年 11 月 21 日

书良言

墨香激灵感,提笔书良言。
众观赏悦美,液金留万年。

2016 年 12 月 22 日

老有所为

鬓白深思惊梦少，五更未眠孤起早。
弓背慢行阻往客，手牵绿绳防犬跑。
朽木难雕龙虎兽，整日虚度空寂寥。
自问陈蜡仍可燃，老学技能价更高。

2016年11月16日

注：此诗是作者内心世界的真实写照，发表于《中华儿女》2017年8期总第447期风采栏目（共青团中央主管、全国青联主办），本刊记者白姜江，责任编辑华南。

执着

征丘非好汉，刀山有何难。
珠峰舞倒立，踏月未终点。

注：此诗赠予山东省济南市书法家马利。马利勤勉上进，书法作品遍布全国。

半生蹉跎半生乐

未到学满初攀山，征峰绕壑久磨难。
苦尽酸辣陪吾长，不拒艰辛忘有险。
数年拼搏催孤老，友人阻彼弃登船。
笑忆方醒应戏鸟，净离岗位傲画圈。

2016 年 3 月 13 日

母爱

翠鸟筑巢择树高，长枝衔窝弓颤摇。
遇风悬抖恐折断，防蛇猫袭避吞叼。
母爱护雏费尽力，盼子高飞老累骄。

2016 年 11 月 13 日

花间词

相逢处
　曾忆桃花园
　花摇柳飘随倩影
　翠鸣鹂唱动心田
　忘却在人间

　那时节
　卿在小池边
　彩蝶翩翩伴君舞
　风吹碧水柳摇烟
　婉转到侬边

2014 年 4 月 22 日

肆

品人

民警之歌两首

（壹）

月映南楼北有荫，鸡鸣提示五更深。
警长未眠追逃犯，为除恶棍同鬼近。
年少仗剑忘危险，忠爱国民笑奉身。

2000 年 10 月 1 日

（贰）

仗剑择公安，久拼数十年。
生活规律无，不惧阳世短。

2015 年 12 月 22 日

忆家父

家父清贫七十五，一生务农百千苦。
而今病魔久缠身，天命难为不知途。

2016 年 2 月 10 日

颂恩师石宝田

石博万卷压群芳，宝智育徒胜爹娘。
田里结出丰硕果，笑看群燕高飞翔。

注：此诗为藏头诗，赠予恩师石宝田。石老师为北京市密云区高岭镇天庄村人，他知识渊博，无私敬业，培养了许多品质优秀的可造之才。

担当

慧叔骨硬超其人,品质尚佳鹤立群。
少小家寒广际知,学满抛陋换貌新。
自强未忘育生地,奉助故乡博有尊。

2016 年 4 月 13 日

育儿

育儿多讲品,会语苦习文。
随长明大事,成人展乾坤。

2015 年 12 月 15 日

盲翁

盲翁避登山，预知征途险。
愿在闹市坐，待宾奉吉安。

2016 年 1 月 4 日

情怀

诗人避不争，一世心肚明。
执笔颂他人，收墨净身清。

2016 年 2 月 13 日

钦差

太岁乘行车,普人闪敬过。
亲赴为民急,谢孤众赞歌。

2016 年 2 月 23 日

壑家人

壑家陋室悬,童叟共饥颜。
山广良田缺,春辛获秋怜。

2016 年 2 月 23 日

爱孙

爱孙三周差两年，初学娃语确未全。
幼闹喜悦催日长，慈母归来奉笑言。

2016 年 2 月 26 日

家寒

自忆童年苦，日餐怜断薯。
少行老弓背，粥影家寒楚。

2016 年 3 月 4 日

天公不作美

沉雾锁群丘,鸟归误梦幽。
遥看独峰移,猎户盼明愁。

2016 年 2 月 18 日

有心人

房梁东西平,李家院桃红。
长枝探王宅,雅娇观动情。
隔墙难见君,公子故留影。

2016 年 1 月 20 日

相亲

鹊落门前柳上鸣，舞歌唤主即迎朋。
雅娇临门笑认母，娘待新人儿面红。

2016 年 3 月 3 日

颂恩师

腹藏诗书卷，心当学海舟。
教鞭耕日月，奇笔写春秋。
染鬓如霜白，沐风似雨柔。
堂前花不种，桃李满神州。

2016 年 3 月 1 日

注：此诗赠予张奇志、康琼两位老师。张老师为北京市东城区人，康老师为北京市密云区人，两位伉俪热衷于人民教育事业，孜孜不倦地培养了一批又一批优秀人才。

明镜

君爱羞花观不采,一世净心烦无来。
艳摇夺目当季美,淡财避色坐仙台。

2016 年 3 月 3 日

正人君子

好友避色伤异女,私保净身愧行礼。
靓颜夺目胜牡丹,有生不采神赞彼。

2016 年 4 月 7 日

邂逅

桌满菜不齐,猫偷东家鱼。
羞愧敬宾酒,举杯笑似啼。

2011 年 12 月 7 日

莫当井底蛙

宫女不上山,怎知有杜鹃。
喜来高望远,美景胜堂前。

2015 年 8 月 6 日

乡妞

乡妞售鸣蝈，骑车串巷歌。
朋购赏虫曲，欣悦博金乐。

2012 年 7 月 5 日

怀春

娇女怀春偷择郎，避月借柳暗语商。
归宿室静恐父知，母问终身羞要忙。

肆　品人

良辰美景

鹊歌唤靓女,君接吉日娶。
宝邸新落成,孤爱无人敌。

天伦

乖孙喜闹尿湿襟,翁抱怀中露笑纹。
童语胜歌赏悦美,旁人羡慕享天伦。

锄禾翁

日照田石崩,禾苗渐枯容。
老翁顶日锄,汗落似炉烘。

欢聚

方桌满员良语频,隔座敬酒孝长尊。
前辈喜悦环视笑,畅饮千杯不醉人。

谋生

寒风催雪石冻崩,孤在异乡为谋生。
归宿披星着薄衣,隔海相望思母情。

狱中人

统穿黄坎坐班房,脑转浮云避案讲。
在外霸道欺童叟,众恨伏法望寒窗。

民心

宫墙高八丈,官邸居栋梁。
唤臣议国事,众爱君寿长。

相义书品高众赞扬美名

相超家父爱教童,义讲名言徒记清。
书展才华覆广际,品高众赞扬美名。

2016 年 5 月 28 日

注:此诗赠予恩师相义书。相老师为北京市密云区不老屯镇香水峪大队小桃园村人,他德才兼备,诲人不倦,令人敬佩。

肆 品人

童叔令侄遥捕鱼

小叔令吾去青厂，当年不过童子王。
行迎寒风针刺面，翻山避水跃石唱。
征达异壑仿捕鱼，冰封曲溪心即凉。
日斜未归旷野暗，福搭名车空回乡。
娘急问我忧归晚，陪智扒虾又北上。

2016年11月6日

注：此诗为作者七八岁的时候，也就是1963年前后，随三叔张振国跋山涉水去异乡捕鱼，路途遥远，人烟稀少，甚至有狼出没，费尽气力却未捕到鱼，所幸拦截一辆吉普车深夜回到家。现在回想往事，虽苦犹甜，回忆满满。

叔侄探东沟

三叔领侄探东沟,童背大框顶寒飕。
奋力翻山苦寻柴,改装铁纸晨归悠。

2016 年 10 月 10 日

注:"铁纸"即当年铁道兵修铁道扔弃的牛皮纸。此诗描写的是 1973 年春的一个早晨,作者陪同三叔去东沟拾柴的经历。东沟离家大约有四里路程,需要翻山越岭才能到达。那年正在修建一条北京至黑龙江的铁道,沿路遗留了一些废弃的牛皮纸。因为柴火难寻,我俩捡了满筐的牛皮纸,卖了两块多钱。虽然满身水泥粉,但劳有所获,心里还是非常得意的。

话足底

尝试护足脉打通，望叟起舞康复升。
来者争先奉家客，精调抛药笑声宏。

2016 年 10 月 16 日

注：北京市朝阳区劲松华清池中医推拿店，有一名员工，是河南省洛阳市伊川县各在乡白元村人，名唤吴轩泰，找他推拿调理的客人很多。作者亲眼所见他治过的病人，去店时行走不便，通过几次调理，身体康复，行动自如。该技师技术高超，令人叹服。

心里美

碧叶娇花，极美独它。
伊观艳悲，羞能胜佳。

2016 年 6 月 1 日

注：此诗赠予北京市公安局朝阳分局看守所综合队队长王会娟警官。

柳下情

无风柳丝直,伊恋站多迟。
戏言逗君笑,惊鹊跃换枝。
神鸟窃私语,旁人却未知。
清泉映丽影,拜天燕归时。

2016 年 5 月 14 日

忆童年

同窗未老五岁多,求知有缘共一桌。
翻书静响诱彼看,巧诵名言胜近哥。
吾愣明思怎捉鸟,少贪狂玩鬓自责。

2016 年 6 月 29 日

伏天净耳

伏天净耳易除根,银勺探物曲洞深。
因潮胀堵结丝串,猛拉回弹阅吓君。

2016 年 7 月 7 日

新生

福娃落生急唤娘,侧卧自翻背感凉。
仰面望灯映笑容,朦听喧哗在耳旁。
天使吻抱洗净身,初来见世恐紧张。
严爹应来替壮胆,送首儿歌伴尿床。
当即无能孝敬老,待等数年高飞翔。

2016 年 10 月 20 日

各司其职

董事避和牧童聊,草枯羊瘦怎管了。
档案未在集团内,开会研发费尽脑。
嫉尔自由对牛唱,跑调有误它未挑。
天下所事连一体,员工涮肉谢弟傲。
登山望城景有别,种类不同助国骄。

2016 年 10 月 21 日

咏故乡

碧松遮炙阳,根表育菇香。
淑女悦纳采,金雀奉伊唱。
友问何方处,彼诉在故乡。

2016 年 6 月 22 日

冷暖自知

王孙乱花钱,牧童一旁看。
手捏三块糖,情表不同颜。

2016 年 4 月 26 日

情伤

遥拜朋,礼奉到。
尔愿来,假迎笑。
日西落,劝归早。
蜡已燃,问宿考。
刚收杯,主醉倒。
请用餐,余饭招。
观不悦,情忘掉。
访极哀,君辞道。

2016 年 9 月 3 日

忘形

高傲伤友情,明闪独悦行。
前拜获冷面,何必毁自容。

2016 年 9 月 13 日

传帮带

白羊一群入碧林,结伴寻食觅草欣。
远看惊呼幼柳弯,良母骑树传立身。
旁呆愣看不明意,求生壮体访老深。

2016 年 7 月 6 日

奋发

人情似纸张张薄,富翁拒与寒家聊。
一笔难画秋春景,久拼无语终必超。

2016 年 9 月 10 日

缝九州

千层薄纸缝一书,内藏指南摆陋屋。
另有闲人厌拒阅,一世朦胧失九州。

2016 年 10 月 16 日

俯世清

山高吾为峰，透云赏丘营。
足下传鸟翠，俯海观世清。

2016 年 6 月 26 日

苦中乐

农夫锄禾久弓背，汗落育苗压尘飞。
日照草枯欣悦笑，喜看苗壮仰俏眉。

执念

风经峡壑使松吼,猛撞石飞驱狼走。
匕峰镶寺怒刺空,僧护悬堂为烟守。

2017 年 1 月 13 日

傲骨

裤头破旧改擦布,因贫久饥尊难顾。
友旺闲聊偷捂鼻,待吾踏峰择玉筑。

2017 年 1 月 26 日

茶女

淑女售茗茶,芳香连万家。
淡波映君美,笑忆思醉佳。

2016 年 11 月 29 日

剩女

蝶舞寻花遇不吻,艳摇问草为何因。
碧弓点头敬未答,蜂友前来躲避亲。
叶片携刺触伤面,娇急寂寞苦思君。
山泉曲波野镜录,美映绝世终独身。

2016 年 11 月 20 日

手机病

低头阅手机，旷聊欣定期。
美忘存有险，伤腿莫怨的。

2016 年 12 月 14 日

常 识

娃娃禁用鱼，乳牙仍未齐。
整吞存不测，幼防食有敌。

2016 年 12 月 7 日

晨叟忙

披星购早餐,年少香梦甜。
老叟出归急,为儿准到班。

2016 年 12 月 11 日

年轮

耳根育皱纹,貌诉近六旬。
上唇形竖垄,避问有重孙。
阅批何为证,拜翁信笔真。

2016 年 12 月 11 日

人之初

娃娃难择娘,未知尊何样。
贫富幼不管,饥哭唤奶香。

2016 年 12 月 12 日

才情

初见无多语,绝佳何人比。
谈笑显才华,丽超皇家女。

注:此诗赠予张娣,她是作者同村的侄女,现在北京市某高校任教。她自幼聪慧,满腹才情。

画中景

娇女售仙桃,君购美未挑。
三景塑一像,奉尊赏悦骄。

2016 年 12 月 7 日

朱继东家境美

吾鬓沧桑尘世变,半生蹉跎苦辣甘。
少有雄心朦自傲,中年方醒曲途艰。
久拼攀山博艳景,二女成才彼笑甜。
爱孙聪慧助家悦,步达码头享贵延。

2016 年 11 月 6 日

注:朱继东为北京市密云区不老屯镇团山子村村民,勤勉上进,自学成才,现为建筑工程师。家有两女,均在政府机关任职,外孙乖巧,家境合美。

愧待儿

童人不知父母难,二老弓背饥种田。
哭闹乱蹦要糖豆,寒尊望空愧许愿。

2016 年 11 月 21 日

人生轨迹

幼儿步童数月间,童人转少三五年。
少迎青春近在尺,青春待壮却不远。
壮接鬓貌难回避,鬓拜叟哥行路慢。
叟陪老翁闲望日,翁坐轮椅傲画圈。

2016 年 11 月 22 日

领君命

当日拔牙弃演说,左腮肿大麻至脖。
吐字不准误子弟,令讲圣旨血惊佛。

2016 年 12 月 10 日

颂女民警陈春香

陈言起劲谱华章,春景常在持悦靓。
香波永驻育君美,忠爱护法为国昌。

注:此诗为藏头诗,陈春香是北京市朝阳区一位基层女民警,她始终牢记"立警为公、执法为民"的警训。作为普通民警,每日面对的是琐碎繁多的工作,但她都能做到认真细致、兢兢业业、无私奉献,在工作中挥洒青春和热血,毫无怨言。中小学生亲切地称呼她为"最美警察阿姨",社区居民称呼她为"最贴近人民的好警察",她用忠诚、担当履行警察的职责。

艺盲哥

光明桥东艺盲哥,坐靠龙墙善待客。
日照慈容屈指算,助朋解忧望天乐。

注:北京市朝阳区光明桥南有一纵墙,由东向西又转向南,形似一条龙。东南墙角坐着一位盲翁,名叫李文春,河北省固安人,常年为人算命,深得信任,故将此诗送予他,另赋一首诗:"李智超其人,文博造诣深。春暖诚待客,品高赢众尊。"

空有一副好皮囊

貌似文雅用语粗,试探才华深浅无。
童年不知勤学宝,少壮虚度悲尽秋。

良宅

房前柳三棵,鹊聚舞枝歌。
鸣主贺吉祥,宝邸育伯乐。

注:此诗赠予在北京市密云区教师研修学院工作的张红军,她是作者同村的妹妹。

相聚

欣悦会同窗,相逢话短长。
互拥咽语断,喜泪映对方。

百害无一利

手持香烟数十年,不知燃去多少钱。
身带异味己不知,疾色弓背呕黄痰。

翁垂钓

河柳覆卵石,无风碧丝直。
翠摇触翁头,起竿欣悦时。

恋人醉

细柳迎风摇,鹊歌筑新巢。
恋人观悦醉,伊丽望君笑。

贺三叔

奇松映张宅,三叔笑颜开。
金山固坐稳,宝邸育栋才。

注:三叔张振国,北京市三建有限公司董事长,"全国五一劳动奖章"获得者,承揽项目多次荣获"建筑工程鲁班奖"。三叔为人豁达,致富不忘乡亲,深受众人尊敬信赖。

江雪

（唐）柳宗元

千山鸟飞绝，万径人踪灭。
孤舟蓑笠翁，独钓寒江雪。

赋《江雪》

雪压千峰重，翠柏万枝弓。
唯吾登高处，举竿钓山城。

注：此诗赠予北京市武警总队十三支队后勤部长王永尧，籍贯山东省莱州市。王永尧人品贵重，令人钦佩。

女中豪杰

奇女不爱妆,富贵又何方。
江山应有主,唤臣陛升堂。

贺新婚两首

（壹）
门前桃花红,福邸增靓容。
淑女迎君笑,洞房蜡烛明。

（贰）
红花满殿香,举杯贺新娘。
友旺馈福语,郎醉为宾唱。

静夜思

（唐）李白

床前明月光，疑似地上霜。
举头望明月，低头思故乡。

赋古诗两首

（壹）

曾是玉枝花，为家飞天涯。
逢节思乡泪，遥祝爹和妈。

（贰）

手机贴耳挤坐床，儿言拜母话短长。
怨己谋生离乡远，每逢佳节泪数行。

奇妙

彼颀突闪来灵感，心捕名言美瞬间。
胜宝精调求更好，奇文上书阅累欢。

2016 年 11 月 3 日

贺岁

去年今日琪来家，拥有岩父与铃妈。
爷奶呵护姥爷爱，靓孙厚福笑长大。
　新岁将至，朵朵健康成长。
　福带全家，祖父欣悦提书。

2013 年 1 月 4 日

注：张天琪，乳名朵朵，出生于 2012 年 1 月 4 日，其父张岩，其母刘玲。此诗用三个人名为主线创作而成。

伍

世道

华夏梦

钓台高坐振神州,大略雄才为世谋。
一路风光覆广际,惠邦贸易享千秋。
三春霁色缤纷染,万里河山次第收。
直待重圆华夏梦,五湖烟水泛扁舟。

2015年12月3日

淡泊明志

少壮拜智翁,处事差九成。
前来求良策,淡财展坤鹏。

伍 世道

公德在人心

手握三星呆目直，忧观孕妇累坚持。
低头独赏故坐椅，哪位世女不怀儿。

行善

人行善事拒作恶，鬼遇忠良让尊过。
神仙赞誉遥敬礼，有生安逸佛颂歌。

2012年5月4日

明官

王爷管千里,祥和无陋习。
美景连成片,食足莫忘饥。
民富君悦笑,众爱永当梯。

高空抛物

悦宿高楼压鸟悲,不知何人抛物坠。
幼雏无羽惊砸伤,母愁飞离望含泪。

2016年9月9日

讲品

好汉必讲品,日常苦习文。
丑事君拒作,有生博众尊。

2015 年 12 月 20 日

久品

初交似关羽,久品显陋习。
闲聊卖有才,邀朋害无底。

2016 年 8 月 26 日

念想

银发似枯草,百年谁无老。
在世固行善,归天众念好。

2016 年 2 月 15 日

心口不一

貌似很实在,妆雅看不坏,
遇事假相助,结尔心痛哀。
欺人不露色,有生悲无快,
骗友心怎安,日久难弥盖。

伍 世道

天道酬勤

人懒促家贫，陋室伴终身。
辛勤消寒尽，换颜博众尊。

丑态

醉歌舞动摇，脚踩无云飘。
车来拒不让，秽词唯他高。

2011 年 5 月 1 日

铁窗心声

无病频求医,久押愧思妻。
触门铁锁响,中法又来提。
自由无处买,思母火燃居。

贪杯害己

贪酒毁自尊,狂饮凶吓人。
扶桌天地晃,脑乱浮灵云。
张口喷鱼刺,抢话秽词频。
醉歌无气力,终赢病缠身。

伍 世道

毁家

贤妻侍儿早闭灯,独郎拒归争酒星。
暴饮昏天难识北,数年不改空摇瓶。

2016 年 2 月 15 日

空巢

老叟皱眉感恐惧,儿在久漂无消息。
室空孤转忆往事,自问何年喜相聚。

盼儿归

每逢佳节老宅空,子归驾车又远征。
双鬓固守静护院,笼吊鹦鹉怨翠鸣。

2016 年 10 月 6 日

溺

公子未偷钱,邸内富无限。
闲逛乱采花,牧家当即烦。
娇女确幼小,叩门说来言,
王爷怒驱听,隔日定封山。

2017 年 3 月 2 日

伍 世道

育儿悲

育儿辛劳苦半生,父辈拉车少爷轰。
企盼后人能尽孝,银发长叹泪无声。

注:此诗主人翁为村里的一位老人,她生养了几个孩子,却无人赡养。这位老母亲过世半个多月都没人料理后事。

善恶两重天

巨贪罪恶重,有生留骂名。
在世讲正气,淡财笑声宏。

2016年2月7日

恶报

在世欺善家，归天众咒他。
地狱存名录，阴府令作马。

2016 年 2 月 7 日

白日梦

梦获金山脑浮影，夜享富贵笑恋醒。
想为抛陋天赋财，久懒拒拼虚无饼。

2016 年 1 月 21 日

伍 世道

换位

车夫感疲惫，董事仰目睡。
右轮巧遇坑，醒怒扣薪退。

2015 年 8 月 31 日

规矩

十月降雨牧童急，当即放羊勿避去。
毛湿贴身风吹冷，违规病灾财断凄。

2016 年 10 月 10 日

注：十月下雨天，不能外出放牧，小辈如果不听取长辈的劝说，不遵循自然规律，必然会吃亏。

良知

新路暂且平,未用已出坑。
童叟行不便,众人有怨声。

2011 年 7 月 4 日

谨言

傲认智高毁鸟嘴,有生蹉跎未思悔。
众知有防躲净远,恶习不改催尔废。

2016 年 7 月 9 日

雀愁

家雀愁聚唱，新村满砖墙。
摇枝空会演，夜眠何处藏。
驱寒换貌新，人悦无巢凉。
育雏当误急，母悲无陋房。

2016 年 6 月 26 日

友邻

友邻凡家安，相见客语喧。
遥游思乡梦，贼来好哥看。

2016 年 6 月 9 日

求乐

哥弟围满桌,升级为求乐。
无猫被钩下,胜负笑语和。

2016 年 6 月 24 日

选择

彼尔纳阳几万天,善恶对己择哪边。
取中难坐舞刀刃,避留秽词美当先。

2016 年 6 月 1 日

伍 世道

虚度

男儿怕骨软，避壑躲攀山。
有生虚度极，久陋羞问天。

2016 年 6 月 26 日

惜缘

热恋总牵手，旷拥忘旁瞅。
婚后行有距，优点渐消有。
共宿无笑声，频争烦静叟。

2016 年 6 月 7 日

遥思

少小离家去异乡,仅为谋生苦尽尝。
体弱强拼终持病,夜想爹娘泪望窗。

2016 年 2 月 14 日

不作为

文溃粗野掌公章,慧人献策背骂娘。
怒色驾车飞赌博,莫管田间春苗亡。
良言拒采随乱干,望天问地愁断肠。
村民遇困恐避找,灭法欺众君叹凉。

2017 年 1 月 14 日

伍 世道

人户分离

草摇脊瓦斜,院空变苍野。
雀宿常赛歌,墙倒歪门裂。

2017年2月9日

注:农村现在有很多空宅,户主搬去新房居住,老房子空置,放任其自生自灭,实则是浪费国土资源。

节前

爆竹未响催众散,码头拥拥客旺喧。
都市空空人行少,儿归拜母笑语甜。

2017年1月13日

败家

昼夜不眠抓白板,笑扔北风付瞪眼。
净捏九条抛出扛,错打幺鸡剩裤衩。

2016 年 1 月 25 日

是非

公鸡未生蛋,闲言突即传。
群挤大门倒,互问无物见。
咬耳空摆手,真假难分辨。

2016 年 11 月 29 日

伍 世道

悔

逆行躲半圈，违规驰带烟。
撞正悔捶胸，败诉度寒年。

2016 年 12 月 10 日

善待

家犬咬主却有因，棒打久饥血染身。
病卧门外难站立，猫怒劝离寻明君。

2016 年 11 月 26 日

自知

寒鸦故躲村外叫,近唱招怒恐驱跑。
破嗓声喧使众烦,嫉相鹊歌赢所笑。

2016年11月29日

自省

妻刁总怨君,怎做难称心。
归宿无多语,欣悦在友群。

伍 世道

莫作恶

无仇强欲总好争,恶待旁人老欺朋。
为求显赫阴阳面,离世背罪留骂名。

应得

咔嚓一响狱门开,咣当一声悲世哀。
有生无德今必死,面对钢枪手铐揣。
阳世作恶违天害理皆由己,
阴司报应古往今朝放过谁。
横批应得。

赋红楼诗词

笑待人无猜心,脑海动浮灵云。
肚皮薄难透视,吾问己谁是君。

注:此诗对应《红楼梦》原文"人情似纸张张薄,世事如棋局局新。逢人只讲三分话,未可全抛一片心。"

有志

欲享富贵须拼搏,久懒常醉怎使得。
数年艰辛财进旺,有生潇洒平峰河。

伍 世道

包容

城市公交载普民,陌生男子触伊身。
惊恐自问是何意,拥挤无奈皆穷人。

2009 年 6 月 8 日

注:此诗为 2009 年在乘坐公共汽车去参加本科毕业答辩的路上,即兴创作,受到了答辩委员会老师的认可与肯定。

忘情缘

陋室残窗五尺三,兄弟争霸休未完。
双老无奈旷野宿,为博小利忘情缘。

目无三尺

油库一旁点干柴,浓烟四起瞬时呆。
平日狂妄目无法,余生常叹手铐揣。

天网恢恢

未曾经商富无边,昼夜狂赌付金山。
虚报欺上恶待民,终吐赃物押坐监。

2017 年 1 月 14 日

伍 世道

疏而不漏

警带押吾坐班房,身穿黄坎未是王。
在外霸道常歌舞,手扶牢门泪数行。

谨言慎行

恶语易伤人,良言好待宾。
出口须思量,莫当无知君。

三岁看老

童叟一辆车,让坐又如何?
人生谁无老,少壮显厚德。

交友交心

识人莫看面,善恶难分辨。
违天君拒作,谁能随我愿?

> 伍 世道

让他三尺又何妨

（清）张英

千里修书只为墙，让他三尺又何妨？
万里长城今犹在，不见当年秦始皇。

  注：清朝康熙年间有位大学士名叫张英。一天张英收到家信，说家人为了争三尺宽的宅基地，与邻居发生纠纷，要他利用职权疏通关系，打赢这场官司。张英阅信后坦然一笑，挥笔写了一封信，并附此诗。家人接信后，主张让出三尺宅基地。邻居见了也主动相让，最后这里成了六尺巷，这个化干戈为玉帛的故事流传至今。

叟叹

孙恨骂爷惊问儿，指鼻待父翻旧事。
脑转影筛忆无错，原分古宅差半尺。

2017 年 5 月 1 日

陆

变迁

岁月有感

年少二胡叫，空楼东沟绕。
腰系牵牛绳，乱发空中飘。
望柳赏鹊歌，愣悦石上坐。
当即谱一首，试唱惊兔跑。
猛追草绊摔，哭诉未捕到。
心灵品更佳，雕刻有绝招。
学时聪慧有，尊师不常笑。
上班走一档，蜡燃缓伸腰。
左指夹红塔，右手端茗茶。
彼人福气浓，晚辈有乾程。

注：此诗作者张振国，诗中主人翁为家侄张国生，出生于北京市密云区不老屯镇。此诗创作于2006年11月20日，2016年12月30日发表于《朝阳老干部》报第7版。

记家叔张振国童年至今

戚友相交各有请，闲来屈指计平生。
家门有叔名振国，京华广厦颇见成。
环线高楼多筑瓦，回迁寒户幸离棚。
尤思防护添校舍，暂教赤子住无惊。
无惊始得专向学，教育诚为千秋业。
忆昔蜀地忽山摇，多少书生目流血。
今朝划地盖书堂，乡情凝望心思热。
经商岂肯忘忧国，暂令坚石重重设。
重移栋梁开名园，月下犹存往日砖。
谁怜舍外贫家客，百度回眸望眼穿。
亲赠束脩临宇下，手扶稚子到阶前。
勉他努力从师训，勿念前程生计艰。
生计为谁劳一世，昔年叔亦为学子。

才名绝艳冠同窗，览尽群书察诸史。
一朝冠盖满京华，身高还应倾兰芷。
聪明何必傲公卿，修身齐家总如是。
当时我尚为顽童，捉鱼扑鸟恋追虫。
岁幼不知尘世险，多蒙君护始无凶。
上树蒙他肩撑足，坠河幸叔手扶胸。
淘闹年华怜共度，忘龄交结两从容。
交结至今六十载，回首前情犹近在。
相逢两鬓各凝霜，家室相传皆数代。
拊掌说来历历珍，仰天一笑自慷慨。
座中谁最性情真，三世同君皆无碍。

注：此诗主人翁为家中三叔张振国，北京市三建有限公司董事长。三叔始终将"做人就做好人，做事就做善事"当成人生的追求，他不仅从小就是这样说的，到目前为止，也是这样做的。男人的担当、企业家的风范、家庭的责任、社会的爱心在他身上得到了充分体现。

陆 变迁

　　三叔执掌建筑企业以来，始终坚持"做良心工"，从未因本钱大、盈利小而放弃原则。京城建筑众多、鲁班奖杯几十座，即便是"经适房""廉租房"，也从未偷工减料。爱心学校、致富道路，都有他捐赠的记录和辛勤的汗水。
　　位卑未敢忘国忧，为党分忧是己责，这就是企业家张振国的情怀和品质。
　　此诗创作于2015年3月6日，2016年1月27日发表于《朝阳老干部》报第7版。

刑警颂

本是户主远离乡，队长捍卫愧对娘。
冷妻忘子昼夜忙，警灯闪烁接探长。
手机又响来急事，领导有令到现场。
披星赶路常跌倒，左手愈合右腿伤。
案情不详亲查看，杀人地点在池塘。
要犯心知罪恶大，畏罪翻墙潜逃亡。
布网设卡堵经路，不惧自身受重伤。

锁定目标慢靠近，探长小杨分工详。
夜卧草丛贴地听，偶遇多狗惊叫狂。
为捕嫌犯久未动，银蛇无声盘腿上。
大胆蜈蚣脸上爬，自感疼痛血染膛。
放肆蚊子夜进食，轮番攻击面生疮。
他遇厕所笑隐身，巧擒罪犯小曲唱。
漫漫长夜瞪红眼，为民除害保安康。
夜复夜来风雨日，月月年年破案忙。
年少仗剑从公安，累倒再起又何妨。
职业独特难归宿，妻儿老小日夜想。
重案已破属团体，刑警队伍美名扬。
笑谈自若险中爬，同舟携手又上榜。
千家万户享其乐，有我便衣安四方。

注：此诗创作于2015年5月20日，2015年11月25日发表于北京市公安局政治部网站。

陆　变迁

拥党爱民除沙尘

世人都晓神仙好，唯有功名忘不了。
欲争村官笑得手，速建豪宅玉石雕。
世人都晓神仙好，上拨专款蒸发了。
拒不担当享其乐，众人积怨难平消。
世人都晓神仙好，傲驾公车随意跑。
乡民疾困无人管，狂赌数日又输了。
世人都晓神仙好，原配夫人苦泪掉。
偷娶靓妹她未知，昨天五儿降生了。
世人都晓神仙好，良言不采错乱搞。
远离高层随意来，私立村规孤唯傲。
世人都晓神仙好，巨资存到外国了。
高喊他人必廉政，诱骗牧童众知晓。
世人都晓神仙好，天灾民饥他胖了。

嘎◦朦◦诗◦集

三餐丰盛有异陪，醉梦虚度违天笑。
世人都晓神仙好，唯有大儿不见了。
近期难眠噩梦多，是否双规恐不妙。
世人都晓神仙好，金殿没收充公了。
在位狂贪法必除，警方押吾入狱了。
世人都晓神仙好，伤民害理无路逃。
愁望铁窗思往事，高法拒留除名消。

注：庆祝中华人民共和国成立65周年，祖国万岁！

民警自律

警察名声大，歹人也惧怕。
专职除邪恶，执法为国家。

陆　变迁

从业众人多，另有不听话。
饭馆常出入，滥饮伤风化。
有令禁不止，醉梦将车驾。
毁人又害己，丑态展天下。
醒悟方肠断，愧疚爹和妈。
本应作表率，已成害群马。
禁酒非小事，祸福你我他。
自律严执行，平安国与家。

2014 年 7 月 1 日

民心所向

改革数十载，硕果展世前。
贫貌抛太空，穷乡不多见。

嘎·朦·诗·集

高楼夺世目，城镇换新颜。
公路连成网，通达各乡间。
火车似巨龙，飞奔贺兰山。
环绕全中国，比争促发展。
亚行落京城，东方出亮点。
丝绸两条线，长达万里延。
多国齐响应，致富笑开颜。
三农政策好，乡民拍手赞。
南水向北调，美景博众观。
途经广受益，金粮储仓满。
高层有智慧，众人听党唤。
自制大客机，多国来订单。
跃新增效益，年年开新线。
天地相互动，立体望高远。
奇景唯我有，他国嫉红眼。

陆　变迁

世际已互通，出行更方便。
国防添利器，战鹰忙备战。
军演定提前，意义不平凡。
卫星环天绕，北斗俯视看。
航母巡公海，处处设神眼。
强军有所指，敢侵化灰山。
香梦变为真，打狼抽利箭。
外汇日月增，敌国心胆颤。
到处喊威胁，有意挑事端。
和平与发展，世人友好见。
祥龙跃劲飞，唯他愁阴脸。
他悲吾悦笑，旧账应必算。
帝警必撤回，军旗环世转。
领袖习主席，治国有慧眼。
发展新常态，人人读选编。

治国理明路，国民记心间。
笑阅属名著，经纶更深远。
治贪先治党，治党必从严。
八项规定好，作风大好转。
反腐又倡廉，为民服务先。
民主生活会，利器冲心间。
兰考精神好，在位对照宣。
高瞻俯视看，罪犯吓破胆。
为民享其乐，贪图坐牢监。
基层欣向荣，爱民有生愿。
科技大提升，网络自制安。
国安新成立，法治国家建。
紧抓不放松，冲破狼围链。
点穴外交好，外友多常联。
南京不能忘，病犬偷眼看。

陆 变迁

纪念有重点，人人记心间。
两个一百年，美梦定实现。
众人欣悦笑，党旗更鲜艳。
国大须稳定，拒听蜚言传。
各行日跃新，文艺多宣传。
深受民爱戴，爱您到永远。

注：此诗创作于2014年2月26日，2015年9月30日发表于《朝阳老干部》报第7版。

一路一带赞

一路一带，迎面而来。
梦兴华夏，大同千载。
友好协商，诚仪相待。

民族不同，互帮互助。
山水相连，笑悦开怀。
肤色有别，促涨民财。
炎黄雄心，明君主宰。
海陆连接，通达迪拜。
途径焕颜，奇景辈出。
多国受益，拍手称快。
欢欣致富，各逞慷慨。
俯视全球，倡导智慧。
英雄豪杰，福及四海。
推波助澜，方兴未艾。
善举大义，赢得众爱，
伟人社稷，汉唐重来。

注：此诗创作于2014年6月8日，2015年12月30日发表于《朝阳老干部》报第6版。

陆 变迁

百姓国家在心中

夜市华灯照京城，万户千家皆入梦。
马路空空人行少，彩楼多多无喧声。
民警尽责同月行，小心靠近观险情。
白昼颠倒无规律，哪位警察不持病？
数年勤劳少先老，加倍工作助国兴。
重案紧破难回家，儿见家父感陌生。
护航求稳属常态，持续审问到天明。
追捕嫌犯多五更，不知何时献生命。
奋进搏击永不倒，需要捐躯笑从容。
年少仗剑择公安，百姓国家在心中。
为民除害永向前，但期无愧此平生。

注：此诗创作于2014年8月2日，2015年10月30日发表于《朝阳老干部》报第7版。

领袖爱民赢民众

国大辽阔君更爱,民族众多团敬拜。
领袖英明博赞语,庆赶兴国好时代。

国大辽阔君更爱,四个全面创未来。
久拼填海千峰移,美景夺目显风采。

国大辽阔君更爱,南水北调进京来。
万里龙渠增仓满,助帮沿线致富快。

国大辽阔君更爱,教育创新步伐快。
育人年久不放松,百花四季开不败。

陆　变迁

国大辽阔君更爱，医疗改革跟时代。
内存不足必清除，患者欣悦愁不在。

国大辽阔君更爱，计生政策独不在。
解禁二胎师资缺，紧培良师育花开。

国大辽阔君更爱，奶粉进口持多载。
贸促互换别有论，确保诚信树名牌。

国大辽阔君更爱，九三阅兵显国怀。
牢记历史怎能忘，铭记英雄祭碑在。

国大辽阔君更爱，航母听令巡公海。
家大广际严保护，防止另国造阴霾。

国大辽阔君更爱，战机高飞环天海。

嘎・朦・诗・集

　　俯瞰目标盯动向，君有智慧保安泰。

　　国大辽阔君更爱，院校择优聚良才。
　　创新研发当首位，掌握核心博党爱。

　　国大辽阔君更爱，明君尽责无礼拜。
　　数年艰辛为民急，上下畅通反腐败。

　　国大辽阔君更爱，资源分配均覆盖。
　　南北东西却有别，共同致富笑开颜。

　　国大辽阔君更爱，北斗升级又跃台。
　　步入火星俯视远，易看小人防破坏。

　　国大辽阔君更爱，自制客机飞境外。
　　多国前来欣洽购，一家独霸终不再。

陆　变迁

国大辽阔君更爱，网络兴邦谁主宰。
掌握核心是根本，防人制约破阴败。

国大辽阔君更爱，金砖五国亲相待。
友好行事多喜悦，并肩阔步赢际拜。

国大辽阔君更爱，一带一路通迪拜。
肤色有别齐响应，有人嫉妒好朋快。

国大辽阔君更爱，亚澳峰会博鳌开。
高铁通达珠链岛，陛作名曲唱起来。

国大辽阔君更爱，外交政策灵变快。
诚信待朋友奉真，友好共处多往来。

国大辽阔君更爱，健康第一防得癌。

设有机关齐尽责,人民幸福记心间。

国大辽阔君更爱,出游归欣携桶盖。
企业不知他人意,遥背用品累无奈。

国大辽阔君更爱,亚行运转落京在。
助推经济大发展,有人不悦却无奈。

国大辽阔君更爱,文艺宣传做表率。
弘扬正气日日说,驱邪主正持久载。

国大辽阔君更爱,城镇建设已铺开。
千年陋貌抛太空,日新跃进多豪迈。

国大辽阔君更爱,井底高喊怎记载。
有生不拒艰辛阻,笑踏月球俯悦快。

陆 变迁

国大辽阔君更爱,步入小康早期待。
众人团结须尽力,万众摇旗共喝彩。

国大辽阔君更爱,史记忧忧胜有衰。
带领全民行明路,敢超强国赢众爱。

注:此诗创作于2015年5月1日,2016年6月30日发表于《朝阳老干部》报第5版。

嘎○朦○诗○集

关注诗歌创作
分享心得体会

张国强
13801160493

扫一扫，微信加好友